BEM DEVAGARINHO

Catequese de Iniciação I

Catequizando

Coleção Deus Conosco

BEM DEVAGARINHO
Catequese de Iniciação I
Catequizando

Lydia das Dores Defilippo

Lucimara Trevizan

Fausta Maria Miranda

Pe. Almerindo Silveira Barbosa

Petrópolis

© 2019, Editora Vozes Ltda.
Rua Frei Luís, 100
25689-900 Petrópolis, RJ
www.vozes.com.br
Brasil

Todos os direitos reservados. Nenhuma parte desta obra poderá ser reproduzida ou transmitida por qualquer forma e/ou quaisquer meios (eletrônico ou mecânico, incluindo fotocópia e gravação) ou arquivada em qualquer sistema ou banco de dados sem permissão escrita da editora.

CONSELHO EDITORIAL

Diretor
Gilberto Gonçalves Garcia

Editores
Aline dos Santos Carneiro
Edrian Josué Pasini
Marilac Loraine Oleniki
Welder Lancieri Marchini

Conselheiros
Francisco Morás
Ludovico Garmus
Teobaldo Heidemann
Volney J. Berkenbrock

Secretário executivo
João Batista Kreuch

Projeto gráfico e diagramação: Ana Maria Oleniki
Revisão: Alessandra Karl
Capa: Ana Maria Oleniki
Ilustrações: Robson Araújo

ISBN 978-85-326-6144-9

Editado conforme o novo acordo ortográfico.

Este livro foi composto e impresso pela Editora Vozes Ltda.

SUMÁRIO

APRESENTAÇÃO, 7

DEUS SE COMUNICA CONOSCO PELA NATUREZA

1. Vamos nos conhecer?, 11
2. Celebração de acolhida: Jesus é nosso amigo, 14
3. Respondendo ao chamado, 17
4. Nosso mundo, presente de Deus, 18
5. Nosso mundo é lindo demais!, 20
6. Deus criou a luz! Viva a luz!, 23
7. Água, fonte de vida!, 25
8. As montanhas e os vales verdejantes, 27
9. As sementes e as plantas que Deus criou, 29
10. A beleza e o perfume das flores, 32
11. O sabor das frutas que Deus criou!, 35
12. Os animais em sua vida!, 37
13. Celebrar a criação!, 40

DEUS SE COMUNICA COM AS PESSOAS ATRAVÉS DE MIM

14. Sou gente, sou importante!, 44
15. Posso olhar e sentir, 46
16. Que alegria, posso ouvir!, 48
17. Minhas mãos e meus pés me levam ao seu encontro, 50
18. A Alegria de ser criança, 52
19. Eu e as crianças do mundo inteiro, 56
20. A festa da vida, 58

DEUS SE COMUNICA CONOSCO ATRAVÉS DAS PESSOAS

21. Na família: Crescer no amor, 65

22. Celebração com a família, 68

23. Minha comunidade: a grande família, 71

24. Viva o padroeiro da comunidade!, 73

DEUS FALA CONOSCO ATRAVÉS DE JESUS

25. Deus se comunica conosco na Bíblia, 77

26. Celebração: Bíblia, Palavra de Deus!, 79

27. Deus nos envia seu Filho, 81

ANEXOS

Anexo 1 – É Natal!, 85

Anexo 2 – Celebração: Maria, mãe de Jesus, 88

Anexo 3 – Campanha da Fraternidade, 91

Anexo 4 – Festa da Páscoa: Jesus está vivo!, 93

Orações, 95

APRESENTAÇÃO

Querido(a) Catequizando(a)!

Vamos juntos viver a aventura de compreender o que significa ser amigo(a) de Deus, neste mundo lindo que Ele nos deu de presente.

Será preciso estar bem atento para descobrir o segredo do amor de Deus na nossa vida e no mundo.

Desejamos que seja um tempo de muitas alegrias, descobertas e escolhas interessantes!

Com carinho,
Os autores.

NOSSA CATEQUESE

DATA _____

HORÁRIO _____

LOCAL _____

VAMOS NOS CONHECER?

Ame o seu amigo e lhe seja fiel. (Eclo 27,17a)

Somos pessoas, somos crianças, com vontade de crescer e de aprender muitas coisas. Todos nós somos importantes e merecemos amizade e respeito. Na catequese somos convidados a nos conhecer, a aprender, a conviver juntos e nos tornar grandes amigos.

Apresentando quem sou eu.

Pesquisar em casa sobre a história do seu nascimento e do seu nome.

Quem escolheu seu nome?	Por quê?	O que seu nome significa?

➡️ Peça a alguém da sua família para contar sobre o dia do seu nascimento.

★ ....
★ ....
★ ....
★ ....
★ ....
★ ....
★ ....
★ ....
★ ....

➡️ Preparar para o próximo encontro.

Pedir para seus pais escreverem seu nome numa folha em branco. Seu nome pode ser colorido, escrito da maneira que você e seus pais quiserem.

✓ **Apresentando meu melhor amigo ou amiga.**

Nome dele ou dela: _____ Quantos anos? _____

Quais são as qualidades que você mais admira nele/nela? _____
_____

O que gostam de fazer juntos? _____
_____

Como se conheceram? _____
_____
_____

Já brigaram alguma vez e depois fizeram as pazes? Conte como foi. _____
_____
_____
_____
_____
_____
_____

Nomes de outros grandes amigos seus: _____
_____

✓ **Indique quais são as atitudes e gestos de um amigo fiel.**

....
....
....
....
....
....
....

> Um amigo é um tesouro protegido no coração.
> Um presente valioso, um irmão com quem podemos contar.
> Um amigo é um companheiro que nos ajuda a caminhar!

CELEBRAÇÃO DE ACOLHIDA: JESUS É NOSSO AMIGO

Vocês são meus amigos..., disse Jesus. (Jo 15,14a)

 **Acolhida**

Catequista: Vamos celebrar o nosso encontro como um novo grupo de amigos. Para isso, vamos construir a nossa ÁRVORE DA AMIZADE. As folhas da árvore, com o nome de cada um, vocês trouxeram de casa. Um de cada vez, vai pegar a folha com o seu nome, dizer o porquê da escolha desse nome pelos pais, e colocar num galho da árvore. Para cada um que fizer isto, vamos dar as boas-vindas, cantando.

Música: *Seja bem-vindo, bem-vindo seja, olê lê ôôô. Seja bem-vindo, bem-vindo seja, olê lê aaa. (bis)*

 Aprender com a Palavra

Leitura: Eclo 6,5.14-17; Jo 15,12-17

Catequista: Ter amigos é muito bom. Quanto mais, melhor. "Quem encontrou um amigo, encontrou um tesouro" (Eclo 6,14b). O tesouro é a amizade, firme e fiel. Alguém com quem podemos contar sempre para nos apoiar nos momentos de dor e com quem podemos viver momentos alegres.

Todos: Como é bom ter amigos!

Catequista: Não há nada mais valioso que um amigo verdadeiro, ele não tem preço. Nós temos um amigo comum que ama a todos nós: Jesus. Ele demonstrou seu amor, defendendo o direito das pessoas, agindo com justiça e misericórdia, sendo amigo verdadeiro. Jesus mostrava respeito por todos. Quem o procurava era recebido com carinho e atenção. Era alguém em quem podíamos confiar. Ele sempre espera que nos amemos uns aos outros como Ele nos ama.

Todos: Jesus é nosso amigo mais querido!

Catequista: Jesus nos chama de amigos! Ele disse que não fomos nós que o escolhemos como amigo, foi Ele quem nos escolheu primeiro. Foi Ele quem nos amou primeiro e nos falou do seu Pai, que é Deus. Contou-nos os segredos para construir o Reino que seu Pai pediu.

Todos: Jesus é nosso amigo mais querido!

Catequista: Jesus é um amigo com quem podemos contar sempre. Ele deu a vida por nós, pelo nosso bem. É um amigo verdadeiro e fiel. A cruz é o sinal que nos ajuda a lembrar do nosso amigo Jesus.

Entrega da Cruz

Catequista: Vocês vão receber uma cruz, sinal da amizade com Jesus. Cada um, ao receber a cruz, vai colocá-la sobre o coração e vai dizer: "Quero ser sempre amigo de Jesus!"

Catequista (olhando para o catequizando): Que Jesus nos ensine a ser amigos sinceros e verdadeiros.

Catequizando: Amém!

Catequista: Como é bom ter amigos! Como é bom nos encontrar com eles! Cada encontro traz abraço, sorriso, brincadeiras e muita alegria. Vamos aprender e cantar uma música que fala disso.

Música: *Como é bom nos encontrar* – CD Sementinha 4

Abraço da paz

Uma atividade para fazer em casa!

Participamos da celebração da catequese e nela aprendemos que a cruz nos ajuda a lembrar do nosso amigo Jesus, de sua fidelidade e amor por seus amigos que somos nós.

Vamos marcar esse momento que vivemos deixando esta cruz ficar bem bonita?

Cole papéis coloridos, picados (sem usar tesoura), dentro da cruz, fazendo um lindo mosaico.

Após realizar a atividade, contemple a cruz e escreva aqui uma oração, pedindo a Deus por seus amigos:

....
....
....
....

RESPONDENDO AO CHAMADO

O Senhor me chamou desde o seio materno. (Is 49,1b)

Deus, nosso Pai, sempre nos chama e nos acolhe com carinho. Ele nos conhece e nos ama desde quando estávamos sendo formados, crescendo na barriga da nossa mãe. Ele nos chama pelo nome. (Cf. Is 49,1b)

Minha história começou quando Deus me fez nascer. Fui chamado a viver e crescer no amor.

 Dê a sua resposta ao chamado que Deus fez a você para participar da catequese. Escreva um bilhete a Ele dizendo como se sente e o que pretende fazer para viver e crescer no seu amor.

NOSSO MUNDO, PRESENTE DE DEUS

Deus viu tudo quanto havia feito e achou que era muito bom. (Gn 1,31a)

O nosso Deus é muito bom e nos ama muito. Criou este mundo bonito e nos entregou de presente para nele viver e cuidar.

 A terra, o ar, a água, enfim, tudo o que existe é muito importante para nossa vida, para nossa sobrevivência. A terra é nossa casa comum. Observe as imagens e responda: O que fazer para não maltratar, mas sim, cuidar desse presente que Deus nos deu?

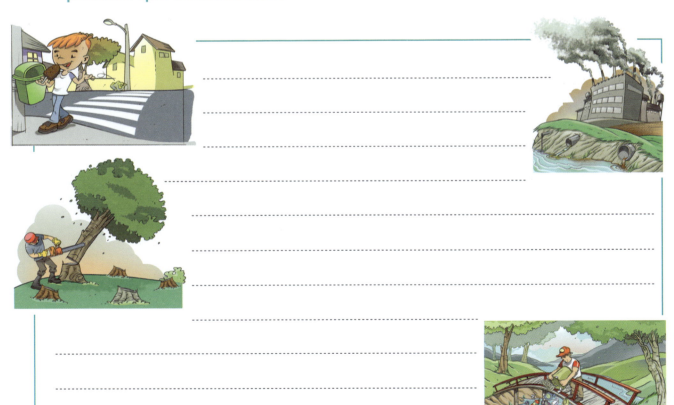

✓ Você pode ver, ouvir, tocar, sentir e saborear a beleza de nossa terra. Escreva aqui um compromisso para diariamente lembrar-se de contemplar as belezas da natureza ao seu redor.

★ ....
★ ....
★ ....
★ ....

✓ Como sua família pode contribuir para cuidar da natureza? Conversem e escrevam aqui o que vocês combinaram.

★ ....
★ ....
★ ....
★ ....

 **Vamos rezar!**

Faça esta oração todos os dias até o próximo encontro.

Querido Deus,

Sei que estais presente em todo o universo e também numa pequenina criatura. Sei também que tua ternura envolve tudo o que existe. Derramai em nós a força do vosso amor para que possamos cuidar da vida e da beleza de tudo o que existe. Obrigada porque estais conosco todos os dias de nossa vida. Amém!

NOSSO MUNDO É LINDO DEMAIS!

Deus é bom e nos deu um mundo lindo para viver e cuidar. (Cf. Gn 2,15)

Este mundo é um presente extraordinário de Deus. Algo oferecido com tanto amor não pode ser estragado, deve ser cuidado com carinho. Por isso, Deus quer que cuidemos da nossa casa comum e uns dos outros.

 Pedindo a Deus pelo nosso mundo, rezemos:

Catequista: Senhor Deus da vida, enche nosso coração do desejo de ser a cada dia presente de amizade, acolhida e carinho na vida das pessoas.

Todos: Senhor Deus, ajuda-nos a proteger e defender a vida!

Catequista: Dá-nos a alegria que enche o coração e a vida inteira. Não permitas, Senhor, que nossa vida fique fechada em nosso próprio interesse, não deixando espaço para as pessoas.

Todos: Senhor Deus, ajuda-nos a proteger e defender a vida!

Catequista: Inspira-nos, Senhor, a cada dia, a olhar e contemplar as belezas que criastes e enche-nos do desejo de cuidar da terra, nossa casa comum, este mundo tão bonito.

Todos: Senhor Deus, ajuda-nos a proteger e defender a vida!

Que atitudes podemos ter, no dia a dia, para defender o nosso mundo, presente de Deus?

Como podemos ser presentes de Deus uns para os outros?

NA FAMÍLIA

NA ESCOLA

COM OS IRMÃOS

COM OS VIZINHOS

NA CATEQUESE

COM AS PESSOAS QUE LIMPAM A NOSSA CASA E A NOSSA ESCOLA

DEUS CRIOU A LUZ! VIVA A LUZ!

Deus disse: façam-se luzeiros no céu, para separar o dia da noite. (Gn 1,14)

Muitas vezes, comparamos a beleza e a bondade de Deus com as coisas por Ele criadas. Por isso, dizemos que Deus é o Sol da nossa vida: seu Amor nos aquece.

Quanto mais nos colocarmos sob a luz de Deus, mais felizes e saudáveis seremos.

 Nosso Deus é o Deus da vida. Criou a luz. O que seria do planeta sem o sol? Responda desenhando.

O sol aparece todos os dias e, mesmo que haja nuvens, a sua luz clareia o mundo. Deus é o sol de nossa vida e se faz presente em todo momento por meio de seu amor e cuidado para com todos nós.

Que significa dizer que Deus é o "sol", a luz da nossa vida?

....
....
....
....
....
....

 Vamos rezar!

"Ó Senhor, eu também quero ser luz na vida das pessoas. Como a luz, quero levar o calor do meu carinho, da minha atenção, do meu amor. Quero ser luz, levando vida, com o meu riso, a minha alegria, a minha bondade e o meu entusiasmo para todos. Amém!"

ÁGUA, FONTE DE VIDA!

Louvem ao Senhor, mares e rios; cantem hinos de glória a Ele para sempre. (Dn 3,78)

Sem água não existiria vida no nosso planeta. Água é vida!

A água é uma fonte de vida e presente que Deus nos deu para usufruir, cuidar e proteger.

Cuidar e proteger a água é uma atitude de preservação e respeito por esse presente.

✓ **Colorir o desenho e completar a cena com um ou mais animais que gostem de ficar na água.**

QUERIDO DEUS, OBRIGADO PELA ÁGUA CRISTALINA! MARES E RIOS LOUVEM O SENHOR! BALEIAS E PEIXES BENDIGAM O SENHOR (CF. DN 3,77-79)

Peça ajuda aos seus familiares e escolha duas opções como compromisso para cuidar da água:

- Não deixar a torneira aberta enquanto escovamos os dentes.
- Tomar banhos rápidos.
- Não jogar óleo vegetal na pia da cozinha ou em ralos.
- Não jogar remédios no vaso sanitário ou pia.
- Apagar a luz ao sair dos ambientes.
- Desligar aparelhos e computadores quando não estiverem em uso.
- Reaproveitar a água da lavagem de roupas para limpar calçadas.
- Não deixar a torneira aberta enquanto lava a calçada.

ÁGUA, SE CUIDAR NÃO VAI FALTAR!

Meu compromisso...

_____
_____
_____
_____
_____
_____
_____

AS MONTANHAS E OS VALES VERDEJANTES

Confie no Senhor para sempre, porque o Senhor é uma rocha eterna. (Is 26,4)

Com seu amor, Deus nos dá confiança, segurança e caminha conosco. Não gosta de nos ver ficar tristes e abatidos. Por isso, dizemos que Ele é a nossa rocha protetora.

 Escreva no quadro dois versos da música "A Montanha" (Roberto Carlos), que você mais gostou. Depois, conte para a sua família por que gostou mais desses versos.

 **Vamos rezar!**

> Vamos pedir a Deus que preencha a nossa vida de amor e confiança e que nos dê força para viver bem a cada dia.

Todos: *Dai-me, Senhor, tua força e proteção!*

- *Para eu estar sempre pronto a amar e cuidar da minha família...*

- *Para ter sempre um sorriso a oferecer a quem eu encontrar...*

- *Para que meu coração esteja sempre pronto a perdoar...*

- *Para dar sempre bons conselhos a meus amigos...*

- *Para acolher todas as pessoas sem excluir ninguém...*

- *Para que eu reclame menos e agradeça mais...*

- *Para que eu me sinta feliz com o que sou e com o que tenho...*

- *Para que eu proteja e defenda a vida, especialmente as montanhas e vales...*

➡ Agora, sublinhe uma frase da oração que revele o que você mais precisa realizar e para isso necessita da força e do amor de Deus.

 Para o próximo encontro

Levar algum tipo de semente.

AS SEMENTES E AS PLANTAS QUE DEUS CRIOU

O Reino de Deus é semelhante a uma sementinha de mostarda que alguém plantou na sua horta. Ela brotou e cresceu. (Cf. Lc 13,18-19)

Deus é criativo. Criou a vida numa diversidade enorme. As sementes de vários tipos, continuam espalhando vida. Esconde a vida em uma simples sementinha e ela brota em todos os lugares do planeta.

A Palavra de Deus também é semente que precisa ser acolhida em nosso coração para produzir frutos de alegria, de amor, de felicidade para nós e para o mundo.

Vamos ler a história da sementinha Milhita e depois colorir as cenas.

A sementinha Milhita

Em uma manhã ensolarada, passeando pelo quintal, Helena encontrou um pacotinho cheio de sementes de vários formatos: redondas, ovais, pequenas, grandes... Uma das sementes lhe chamou a atenção. Era uma semente amarelinha, cor de ouro, chatinha e meio arredondada, com uma pontinha branca. Helena disse:

– Essa é a mais bonita! Vou chamá-la de Milhita.

Helena guardou a sementinha em uma gaveta de seu guarda-roupa, escondendo-a de todos como se fosse um tesouro. Todos os dias ela abria a gaveta e perguntava para a sementinha:

– "Olá, Milhita, você está bem?"

Um dia, porém, Helena assustou-se ao ouvir a sementinha lhe responder:

– "Estou!"

Assustada, Helena ficou alguns dias sem abrir a gaveta. Até que um dia, curiosa, voltou a abrir a gaveta e novamente perguntou à sementinha:

–"Olá, Milhita, você está bem"?

Tristonha e chorosa a sementinha lhe respondeu:

– Estou triste, apesar de saber que você gosta de mim.

Helena desta vez não se assustou, continuou a conversa e perguntou à sementinha:

– Como você poderá ficar mais feliz?

– Helena eu nasci para uma terra boa e adubada. Nela ficarei escondidinha até vir o sol, a água. Assim eu vou inchar de alegria.

– Mas, Milhita, assim você vai apodrecer e morrer! Eu não quero isso para você, porque eu gosto muito de você.

– Helena o segredo é esse: se eu apodrecer e morrer, de dentro de mim sairá uma vida nova. Sairá um lindo pé de milho, com as folhas verdes e o pendão balançando ao vento e depois virão as espigas com cabelinhos dourados na ponta.

– E, eu, ficarei sem você?

– Não. O sol e a chuva vão fazer com que as espigas amadureçam. Quando você abrir uma delas terá centenas de sementinhas iguais a mim. É assim que eu serei feliz: tornando-me alimento para as pessoas.

Helena, um pouco triste e um pouco alegre, pegou sua semente, escolheu uma terra boa e a enterrou. E todos os dias verificava e aguardava ansiosa o que a sementinha lhe prometera: um bonito pé de milho!

 Milhita disse a Helena que seria feliz ao servir de alimento para as pessoas. E você, quando ajuda alguém se sente feliz? Converse com sua catequista, colegas e família sobre isso.

Precisamos crescer, cultivando, ou seja, exercitando nossas qualidades, para sermos e fazermos os outros felizes. Quais qualidades você cultiva todos os dias?

 Vamos rezar!

Senhor Deus, eu sinto que me amas muito. Sinto a tua bondade em todas as coisas. Quero também te louvar e mostrar o meu amor, semeando no mundo a bondade, a alegria, a amizade, o carinho, a compreensão. Amém!

A BELEZA E O PERFUME DAS FLORES

Nem Salomão, um rei muito poderoso e rico, tinha roupas tão finas e bonitas como os lírios do campo. (Cf. Lc 12,27)

As flores, também, são um presente de Deus, assim como toda a natureza. É o nosso Deus que cuida assim das flores tão delicadas. Se Ele cuida assim das flores, imaginem com que carinho e amor Ele cuida de nós, seus filhos prediletos! Podemos fazer da nossa vida lugar de beleza.

Ladainha das flores

Senhor Deus e nosso Pai,

Olhando para a margarida, criada por tuas mãos, tão simples e tão bonita, nós te pedimos...

Todos: Ajuda-nos a espalhar alegria e beleza como as flores!

Olhando para a rosa, criada com tanto carinho, delicada e perfumada, nós te pedimos...

Todos: Ajuda-nos a espalhar alegria e beleza como as flores!

Olhando para o lírio, criado com tanta beleza, puro e sedoso, nós te pedimos...

Todos: Ajuda-nos a espalhar alegria e beleza como as flores!

Olhando para a violeta, criada com tanta delicadeza, pequenina e humilde, nós te pedimos...

Todos: Ajuda-nos a espalhar alegria e beleza como as flores!

Olhando para o girassol, sempre voltado para a luz do sol, nós te pedimos...

Todos: Ajuda-nos a espalhar alegria e beleza como as flores!

Leia o poema. Sublinhe a frase que mais lhe chamou atenção. Depois ilustre o texto do poema.

FRAGMENTOS

Tem no ar
um perfume
de gente
Tem no ar
um perfume
de árvores
Tem no ar
um perfume
de folhas
Tem no ar
um perfume
de flores
Tem no ar
um perfume
de primavera
Tem no ar
um perfume
de vida...
(Delores Pires, 1997)

Para escrever este poema, a poeta sentiu, observou, contemplou tudo ao seu redor e percebeu quanta vida há. Que belezas você percebe ao seu redor?

✓ **Que atitudes podem espalhar a beleza e o perfume de ser amigo de Deus?**

⭐ ....
⭐ ....
⭐ ....
⭐ ....
⭐ ....
⭐ ....

✓ **Faça um bilhetinho para Deus, contando o que você mais gosta nas flores. Agradeça também.**

O SABOR DAS FRUTAS QUE DEUS CRIOU!

E o Senhor Deus fez brotar da terra toda a sorte de árvores de aspecto atraente e saborosas ao paladar. (Gn 2,9a)

 Quando nascemos já havia árvores frutíferas espalhadas por todo o mundo, para alimento de todos. Precisamos ser gratos por tanta beleza e diversidade em tudo o que Deus criou, também pelas frutas, tão importantes para nossa saúde.

 Colorir as frutas que Deus criou.

 Qual sua fruta preferida? Ela faz parte das frutas que coloriu? Se sim, identifique-a. Se não, desenhe-a completando a ilustração.

....

Assim como uma árvore gera frutos, nós também geramos frutos. Estas são respostas às atitudes que praticamos. Assim, se agimos mal, colheremos frutos ruins: inimizades, impaciência e falta de amor. Se agirmos bem, colheremos frutos bons, como: a alegria, o amor, a bondade e outros tantos.

Você saberia dizer o que é necessário fazer para gerar bons frutos?

_____
_____
_____
_____
_____
_____

Vamos rezar!

Reze esta oração quando for saborear uma fruta

Obrigado, Pai de amor, por estas frutas tão gostosas que vamos comer. Abençoai as mãos de quem as plantou, as mãos de quem as colheu e as mãos de quem as preparou para nós. Amém!

Para o próximo encontro

Levar uma foto do seu animal de estimação (pode ser no celular).

OS ANIMAIS EM SUA VIDA!

Todas as criaturas da terra e do mar venham louvar o Senhor. Os animais ferozes e o gado do campo, os bichos que rastejam e os pássaros que voam. (Sl 148,7.10)

Os animais são parte da Criação de Deus e merecem ser tratados com cuidado e sua vida precisa ser preservada. As plantas, os animais, as pessoas são todos seres vivos e formam uma corrente de vida, que precisa ser protegida.

Vamos colorir a imagem de São Francisco de Assis e seus amigos animais.

Escrever um recadinho para Deus, nosso Pai, dizendo que quer ser colaborador dele, parecido com São Francisco de Assis, que foi amigo dos animais e da natureza.

 Desenhar no quadrinho da carteira de Protetor dos animais, o animal que você escolher para oferecer sua proteção. Preencher, também a carteirinha.

PROTETOR DOS ANIMAIS

Eu, _____,
(Nome do catequizando)

comprometo-me a proteger os animais, presentes de Deus para o mundo. Em especial vou proteger o(a) _____ porque ele é importante para _____
_____

Local: _____ Data: ____/____/____.

_____ _____
Catequizando Catequista

38

 **Vamos rezar!**

 Aprendendo com São Francisco a chamar os animais de irmãos.

Todos: *Louvado seja o meu Senhor!*

Catequista: Pelos irmãos pássaros que cantam nas árvores,

Todos: *Louvado seja o meu Senhor!*

Catequista: Pelos irmãos peixes que povoam as águas e nos servem de alimento,

Todos: *Louvado seja o meu Senhor!*

Catequista: Pelos irmãos domésticos: o boi, o cão, o cavalo, o carneiro, a cabra, o gato, que ajudam o ser humano em todos os momentos de sua vida,

Todos: *Louvado seja o meu Senhor!*

Catequista: Pelos irmãos selvagens: a onça, o javali, a girafa, o elefante e outros animais que habitam as florestas,

Todos: *Louvado seja o meu Senhor!*

Catequista: Por tudo que tem vida e habita o Planeta Terra,

Todos: *Louvado seja o meu Senhor!*

CELEBRAR A CRIAÇÃO!

Louvado sejas, ó Senhor, nosso Deus!
Tu fizeste o céu, a terra e tudo que existe sobre ela. (Ne 9,1.6)

 Memória da caminhada

Catequizando: Deus esteve presente na nossa caminhada.

 Proclamação da Palavra

Catequista: Vamos ouvir a leitura do Sl 145,9-10.21.

Catequista: Durante todos os nossos encontros, descobrimos que Deus se comunica conosco através da natureza. Ao criar o mundo, Deus o enche com a sua presença. As coisas criadas revelam a grandeza e o infinito amor de Deus. Por isso, ao contemplarmos a beleza e a harmonia da natureza, experimentamos sentimentos de paz, de amor, de uma profunda alegria. Deus também se deixa encontrar na obra de suas mãos. Descobrimos Deus numa flor. A beleza dela, o seu perfume, a sua maciez nos revela que nenhum ser humano é capaz de fazer igual: tantos tipos diferentes, perfumes os mais variados, cores incríveis. Deus nos fala também através dos animais, com a capacidade que eles têm de nos encantar e se afeiçoar a nós.

Em toda criação vemos a beleza de Deus, a beleza do céu, o calor do sol, a luz da lua e das estrelas à noite, o frescor do vento em um dia quente, a água refrescante que mata a nossa sede. Cada ser humano é criado por amor, feito à imagem e semelhança de Deus. Nosso Deus Criador é o Deus da Vida. A criação de Deus nos permite sentir a sua presença e caminhar na sua direção.

Música: *Irmão Sol, irmã Lua* (Waldeci Farias).

Rezando com a Palavra de Deus: Ne 9,1-6

Catequista: A terra e tudo o que nela vive, existe antes de nós e nos foi dada por Deus. Um homem de Deus, chamado Neemias, era encantado com tudo que Deus criou. Por isso, ele assim louvava o Senhor:

*Todos: **Louvado sejas, ó Senhor, nosso Deus, para todo o sempre!***

Catequista: Louvado seja o teu Nome glorioso.

*Todos: **Louvado sejas, ó Senhor, nosso Deus, para todo o sempre!***

Catequista: Tu fizeste o céu, a terra e tudo o que existe sobre ela.

*Todos: **Louvado sejas, ó Senhor, nosso Deus, para todo o sempre!***

Catequista: Tu fizeste os mares e tudo o que eles contêm.

*Todos: **Louvado sejas, ó Senhor, nosso Deus, para todo o sempre!***

Catequista: És Tu que conservas a vida de todos.

*Todos: **Louvado sejas, ó Senhor, nosso Deus, para todo o sempre!***

Oração final

Catequista: Deus nos deu a missão de cuidar da nossa casa comum, o planeta terra, que tem sido muito maltratado. A terra e tudo o que nela vive, existe antes de nós e nos foi dada. São Francisco de Assis nos inspira a ser exemplo de cuidado com a natureza e os animais. Rezemos juntos:

Todos: ***Ó Deus, que nos ama com amor maior que o mundo, queremos, a exemplo de São Francisco, cultivar e guardar a vida do Planeta. Amém!***

 ### Para o próximo encontro

Levar um retrato seu de quando era bebê ou criancinha, que você mais gosta.

SOU GENTE, SOU IMPORTANTE!

Deus criou o ser humano à sua imagem e semelhança. (Gn 1,27)

Deus nos fez diferentes dos outros seres, nos fez muito especiais! Somos semelhantes a Deus pela nossa capacidade de amar, de agir com inteligência, de saber usar bem a liberdade em poder escolher o que queremos. Deus quer que a gente cresça no tamanho, na inteligência e no amor.

 Vamos colorir o ser humano?

Sou parecido com Deus, quando (marque com x):

- Penso somente naquilo que desejo e não ajudo meu irmão.
- Perdoo sempre que sou ofendido.
- Sou carinhoso com as pessoas de minha família.
- Tenho paciência com as pessoas idosas.
- Sou grosseiro com meus amigos.
- Maltrato os animais.
- Cuido da natureza.
- Uso a minha inteligência para escolher o bem.

 Faça um bilhetinho para Deus, falando da sua alegria de ser parecido com Ele.

 Vamos rezar!

 Querido Deus, quero ser sempre fiel ao teu amor e ao teu desejo de me querer parecido contigo. Para isso, preciso da tua força e da tua proteção. Fica comigo, Senhor!

POSSO OLHAR E SENTIR

Meus olhos estão voltados para o Senhor Deus.
Ele me ampara quando tropeço. (Sl 25,15)

O nosso corpo pode ver de maneiras diferentes: com a nossa visão e com o nosso tato, isto é, se os olhos não podem enxergar, podemos tocar e conhecer o que tocamos. Podemos, também, ver com os olhos do coração, ou seja, ver as pessoas além da sua aparência percebendo o que elas trazem no coração: a bondade ou a maldade, a simplicidade ou a vaidade, a humildade ou o orgulho, o amor ou o egoísmo.

É assim que Deus nos vê e nós devemos aprender com Ele a ver as pessoas com o nosso coração.

Faça uma história em quadrinhos com o tema: "Ver além das aparências".

 **Vamos rezar!**

Senhor meu Deus,

Eu quero te agradecer por tantas coisas boas que acontecem na minha vida. Posso ver tantas coisas lindas que o Senhor criou. Posso olhar o rosto alegre de meus pais, o sorriso e a alegria deles. Posso ver a luz do sol, a beleza dos passarinhos e de toda a natureza.

Neste momento, quero agradecer, especialmente pelo dom de ver com o coração. Enxergar o carinho das pessoas que fazem parte de minha vida: meus amigos, meus pais, meus avós e todos os meus parentes.

Meu agradecimento maior, Senhor, é poder sentir o teu amor no mais fundo do meu coração. Esta é a minha grande alegria.

QUE ALEGRIA, POSSO OUVIR!

Ouvirei o que diz o Senhor Deus: ele anuncia paz para seu povo, para seus fiéis, para quem volta a ele de todo o coração. (Sl 85,9)

Para ouvir é preciso fazer silêncio e prestar atenção. Deus nos fala através das pessoas e de maneiras diferentes, sempre envia mensagens de amor para nós.

Vamos descobrir as mensagens?

No canto dos , eu posso escutar a natureza louvando o Senhor Deus.

As palavras da me fazem escutar a vontade de Deus.

No silêncio do meu , posso escutar a Deus com o meu .

Posso ouvir a Deus através das que me amam.

É meu desejo que as pessoas escutem Deus através da minha e do meu carinho.

✓ **Quais as pessoas que você mais gosta de ouvir falar?**

⭐ _____
⭐ _____
⭐ _____
⭐ _____
⭐ _____
⭐ _____
⭐ _____
⭐ _____
⭐ _____

Vamos rezar!

Reze em silêncio esta oração em casa.

Senhor meu Deus,

Eu quero te conhecer. É para isto que estou na catequese.

Quero prestar atenção à tua Palavra que chega até mim através da minha catequista, através das pessoas que me querem bem e cuidam de mim.

Sinto o teu amor nessas pessoas que me amam.

Sinto tua presença nas pessoas que não me deixam sozinho.

Escuto a tua voz nas palavras carinhosas de meus pais e meus irmãos e irmãs.

Vou prestar muita atenção a tudo isso, pois com eles vou te conhecer e aprender a te ouvir.

Assim, eles poderão, também, ouvir a tua voz através de mim. Amém!

MINHAS MÃOS E PÉS ME LEVAM AO SEU ENCONTRO

Senhor, ajuda-me a andar nos caminhos do bem. Oriente os meus passos em tua direção. (Sl 5,9)

Nossas mãos e nossos pés podem ser usados para o bem ou para o mal, podem nos aproximar das pessoas, nos ajudar a realizar atitudes de carinho e amizade a quem precisar. A escolha é nossa!

 Observe bem as imagens. Escreva o que as pessoas estão fazendo com suas mãos e pés.

NOSSOS PÉS PODEM CRIAR ENCONTROS. NOSSAS MÃOS PODEM DAR AMOR.

Escreva o bem que você pode fazer com suas mãos e pés...

NA SUA CASA

NA SUA ESCOLA

COM OS AMIGOS

Vamos rezar!

Reze em silêncio a oração.

Senhor Deus, queremos agradecer pelas mãos e nossos pés, que tanto nos servem em tudo o que precisamos. Senhor, ajuda-nos a andar nos caminhos do bem e do amor! Amém!

A ALEGRIA DE SER CRIANÇA

E Jesus ia crescendo em sabedoria, tamanho e graça diante de Deus e dos homens. (Lc 2,51a.52)

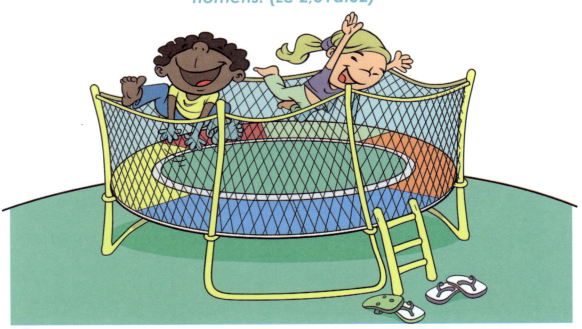

Deus quer que todas as crianças sejam alegres e felizes.

Os direitos e deveres são muito importantes para o crescimento e a alegria das crianças. Os adultos também têm direitos e deveres que devem ser respeitados. Assim, podemos dizer que todos nós temos direitos e também deveres uns para com os outros, com a sociedade, com a natureza...

O que uma criança precisa para ser feliz? Escreva aqui alguns direitos das crianças.

★ ....
★ ....
★ ....
★ ....
★ ....

Sublinhe o que você faz para crescer em sabedoria e graça diante de Deus e das pessoas?

TEM CIÚMES DOS AMIGOS   CUIDA DOS IRMÃOS

DESRESPEITA OS PAIS

CUIDA DE SUAS ROUPAS

DEBOCHA DAS PESSOAS

GOSTA DE LER BONS LIVROS

FICA COM RAIVA POR QUALQUER COISA QUE LHE ACONTECE

É UM AMIGO(A) FIEL   GOSTA DE AJUDAR AS PESSOAS

DESPERDIÇA ÁGUA

MALTRATA OS ANIMAIS

ESFORÇA-SE POR APRENDER BASTANTE NA ESCOLA

CUIDA DA NATUREZA

ADORA JOGAR FUTEBOL COM OS AMIGOS

GOSTA MUITO DE BRINCAR

CUIDA DE SEUS OBJETOS ESCOLARES

PARTICIPA DA CATEQUESE

CUIDA DE SUA HIGIENE PESSOAL (ESCOVAR OS DENTES, PENTEAR O CABELO...)

Continue a história

Os amigos Mateus, Júlia, Marcos, Pedro, Fabiana e Mônica se encontraram na casa da avó da Fabiana, dona Palmira, onde tinha um jardim bem grande, para combinar e preparar algumas atividades recreativas. Eles iriam ajudar numa creche, onde a mãe da Júlia trabalhava como professora. A creche não tinha muitos brinquedos, nem as crianças de lá.

As meninas escolheram o estoura-balão (cada jogador amarra um balão em seu tornozelo e tenta estourar o balão dos adversários), a corrida-minhoca (os participantes rolam pelo chão, ao invés de correrem), e a dança do jornal (um adulto fica escolhendo músicas diferentes e cada criança tem que dançar em cima de uma folha de jornal que está no chão. Ganha quem não rasgar o jornal).

Os meninos não deixaram de fora o futebol, o cabo de guerra e o pique--esconde.

Mas, a mãe da Fabiana apareceu e disse: "Meninos e meninas, a tarefa agora é limpar essa bagunça, recolher os papéis, os balões, jogar no lixo o que precisa para deixar de novo o jardim limpo".

E agora, será que os amigos fizeram cara feia? Será que desistiram de ir à creche organizar a brincadeira com as crianças?

➡ Como você acredita que terminou essa história? Escreva.

EU E AS CRIANÇAS DO MUNDO INTEIRO

Deixai as crianças virem a mim. E abraçava as crianças e, impondo as mãos sobre elas, as abençoava. (Mc 10,14b.16)

Criança é sempre igual no mundo inteiro: gosta de brincar, fazer amigos, conhecer gente e experimentar coisas novas. Jesus ama as crianças. Um amor que não impõe condições, ama a todos com o mesmo amor. E este deve ser, também, o nosso modo de nos comunicar com cada pessoa do planeta: a linguagem do amor.

 Vamos colorir as crianças e Jesus.

Carta Enigmática.

_____
_____

_____

_____
_____

 de mostrar ao outro nosso 🎃 -bóbora +mor .

_____

✋ **Vamos rezar!**

Deus também gosta de ouvir "eu te amo". Diga a Ele esta oração.

Querido Deus, eu te amo.

Obrigada por teu amor sempre presente na minha vida. Perdoa a minha falta de jeito em demonstrar o meu amor por ti. Fica comigo no meu dia a dia e me ajude a ser tua palavra de amor para meus amigos, minha família e todos que por meu caminho passarem. Amém!

A FESTA DA VIDA

O Senhor é a força da minha vida; não temerei nenhum mal. (Cf. Sl 27,1b)

A vida é um grande presente de Deus! É preciso valorizar nossa vida todos os dias. Nela encontramos dificuldades, mas Deus nos acompanha, nos ilumina e nos dá coragem para superar o sofrimento, a tristeza. Não precisamos ter medo. Deus nos ilumina para que busquemos sempre a felicidade.

Vamos preencher a palavra-chave e descobrir o que precisamos para ter uma VIDA FELIZ?

1. O contrário de mentira.

2. Como chamamos as pessoas de quem gostamos?

3. O contrário de maldade.

4. O _____ é um gesto de amor.

5. O mesmo que AMOR.

6. O mesmo que DESCULPAR.

7. Receber alguém com carinho e atenção é o mesmo que...

8. O que as crianças mais gostam de fazer.

9. Comunicar-se com Deus.

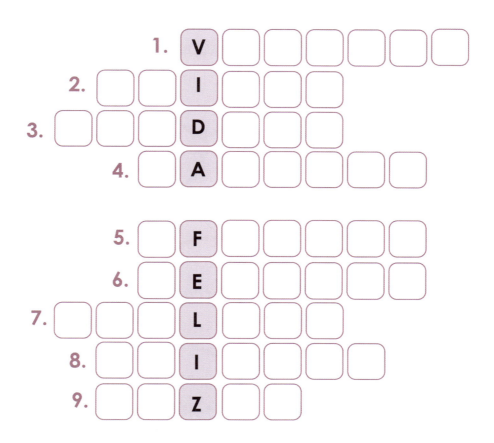

Pinte as atitudes e sentimentos que você acha que nunca deverão deixar de existir e fazem a vida feliz.

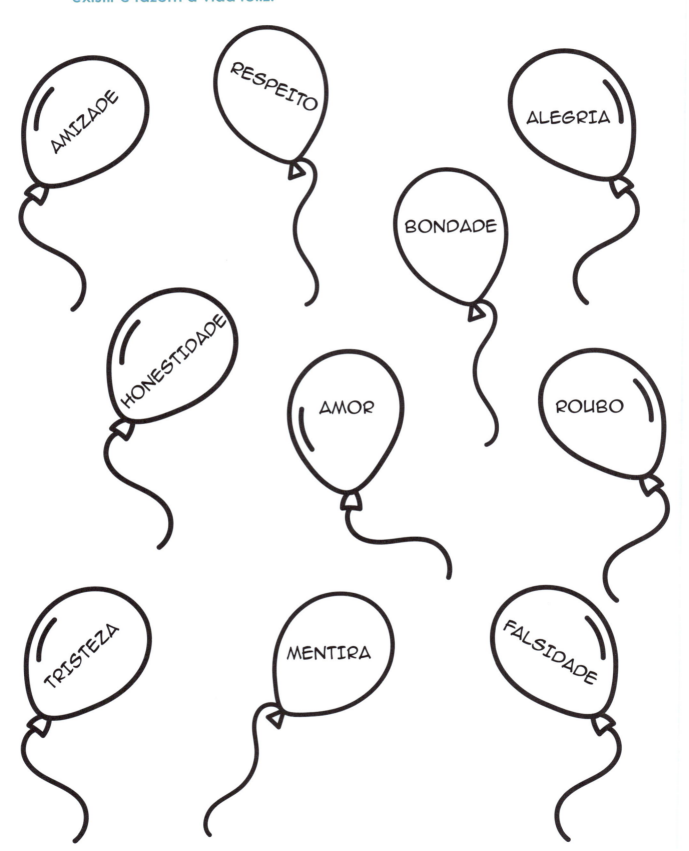

Você conhece alguém cuja vida inspira a gente por ter bondade, honestidade, amizade, alegria e amor? Conte quem é essa pessoa.

Vamos rezar!

Amado Deus, obrigado pela minha vida. Permanece comigo e me dê coragem para viver a vida com muito amor e alegria! Amém!

NA FAMÍLIA: CRESCER NO AMOR

Como é bom e agradável os irmãos viverem unidos. (Sl 133,1)

 Ser família é saber cuidar uns dos outros, aceitar e respeitar as diferenças e lutar para viver unidos pelo amor.

 Ler a história da Ovelina para a sua família. Sublinhe as frases que mais considerarem importantes.

História da Ovelina

Fausta Maria Miranda

Era muito mais do que uma manada, era uma bela e unida família de elefantes. Tinha a mamãe e o papai elefante e um casal de filhotes. Apesar disso, a mamãe elefante sentia que faltava algo mais. Ela sentia no seu coração que na família cabia mais um filhote. Este também era o desejo de todos na família, mas por algum motivo a mamãe não conseguia mais ter filhotes.

Mas, certo dia, a manada seguia pela floresta quando encontrou uma ovelhinha recém-nascida abandonada e sozinha na mata. A mamãe ovelha havia morrido ao enfrentar um lobo, atraindo-o para longe de sua filhotinha.

A mamãe elefante entendeu a situação da ovelhinha, e com seu enorme coração de mãe resolveu criá-la e protegê-la. Quanta alegria! Todos da manada ficaram muito felizes com a chegada da caçulinha. Sentiram que agora a família estava completa. Os filhotes faziam festa com a nova irmãzinha. Todo sorridente, o papai decidiu que sua nova filha se chamaria Ovelina.

Ovelina cresceu feliz, saudável e com cachinhos macios de ovelha em um ambiente de amor e carinho. Ela sempre soube que não havia nascido da mamãe elefante, ela percebia as diferenças físicas, elefantes são mesmo bem diferentes de ovelhas. Porém, estas diferenças ficavam invisíveis quando se está rodeado de amor, respeito e, também, de amigos. Ovelina tinha amigos de monte e de todas as espécies: passarinhos, girafas, búfalas e até jacaré.

Naturalmente, não demorou muito para que alguns amigos começassem a notar as diferenças entre Ovelina e sua família, e por isso enchiam a ovelhinha de perguntas.

No início a ovelha nem se importava, mas a frequência das perguntas só aumentava e Ovelina começou a se incomodar. Respondia que a diferença entre ela e sua família se dava ao fato de ser parecida com outros parentes que moravam longe. Desta forma ninguém poderia comparar, pois assim veriam que ela não se parecia mesmo com ninguém de sua família.

O que antes não fazia diferença passou a deixar a ovelhinha muito triste. Ela procurava em sua manada alguma característica semelhante à dela, o nariz ou os olhos, por exemplo. Mas nunca encontrava. E seria estranho que encontrasse, pois de fato elefantes e ovelhas são realmente bem diferentes.

Sabendo da angústia da caçulinha, a manada tentou de várias formas animá-la. Em vão. A mamãe elefante ficou triste ao ver sua filhotinha tão desanimada e resolveu ajudar a encontrar as respostas que ela procurava, e assim lhe disse:

– Ovelina, não são as semelhanças que nos une e as diferenças jamais nos afastarão. Pense nisso e suas aflições desaparecerão!

Depois da conversa com sua mamãe, Ovelina descobriu o verdadeiro significado da família: família é muito mais do que aparências. Família é cuidar uns dos outros. É respeitar e, acima de tudo, é amar incondicionalmente.

Entretanto, todos só falavam de Ovelina e de sua família. Ao se aproximar de seus amigos, Ovelina ouviu comentários preconceituosos:

– Coitada da Ovelina, a pobrezinha nem família tem. – Disse a girafa.

– Onde já se viu uma ovelha fazer parte da manada de elefantes?! – Completou o passarinho.

– Uma ovelha querer ser um elefante! Pobre coitada. – Disse o jacaré com tom de pena.

A búfala, bufando foi logo falando:

– Vejam vocês, meus amigos! Ovelina quer fazer-nos acreditar que uma ovelha pode ser da família de elefantes assim como pode nascer uma jaca em um cajueiro!

Ovelina deu um passo à frente e disse:

– Meus amigos, vocês não têm razão. Sou uma ovelha e minha família é uma manada de elefantes. Esta é a minha família! Não é a semelhança que nos uniu e nem será a diferença que nos afastará. O que nos torna uma família é o amor que temos uns pelos outros.

✓ **Com sua família escreva uma atitude que precisam praticar como compromisso de família, para que possam viver mais unidos.**

★ --
★ --
★ --
★ --
★ --

🙏 **Vamos rezar!**

Jesus, Maria e José, dirigimos nosso olhar a vós, com admiração e confiança. Em vós contemplamos a beleza da comunhão no verdadeiro amor. A vós confiamos todas as nossas famílias, para que nelas se renovem as maravilhas da graça.

Que cada família seja um lar acolhedor de bondade e paz para as crianças e para os idosos, para os enfermos em solidão, para os pobres e necessitados.

Jesus, Maria e José, abençoai nossas famílias e dai-nos a paz.

CELEBRAÇÃO COM A FAMÍLIA

Os teus filhos chegam de longe, e as tuas filhas são carregadas nos braços. Quando vires isto, ficarás radiante de alegria; o teu coração vibrará e se dilatará. (Cf. Is 60,4b-5a)

♥ Acolhida

Catequista: Sejam todos bem-vindos.

A nossa identidade é o nome de nossa família. Nossos pais nos dão a vida, o nome e sobrenome. Pelo sobrenome sabemos a qual família pertencemos. Vamos nos apresentar? Cada família se apresenta dizendo o nome dos pais/familiares e do catequizando.

Música: *Onde reina o amor, fraterno amor. Onde reina o amor, Deus aí está.*

📖 Proclamar a Palavra

Aclamação: *Fala, Senhor, fala da vida. Só Tu tens palavras eternas, queremos ouvir! (bis)*

Leitura: "Os teus filhos chegam de longe, e as tuas filhas são carregadas nos braços. Quando vires isto, ficarás radiante de alegria; o teu coração vibrará e se dilatará" (Cf. Is 60,4b-5a).

Catequista: No texto do profeta Isaías que lemos diz que a alegria dos filhos faz palpitar os corações dos pais e reabre o futuro. Os filhos são a alegria das famílias. Os filhos são um dom, um presente único e irrepetível.

Jesus também nasceu numa família e morava em Nazaré com seus pais. Era filho querido. A família de Jesus era grande, na mesma casa ou no mesmo quintal moravam todos os parentes: primos, tios, cunhados, avós. As famílias eram muito unidas, ajudavam-se umas às outras. Jesus aprendeu a conviver com a grande família.

Numa família cada um tem seu jeito. Um é mais calado, outro mais falador, outro mais brincalhão, um mais carinhoso, outro mais sensível e, assim por diante. As famílias também têm diferenças entre elas, mas o mais importante é viver unido.

Deus se alegra com a união e o amor (Sl 133,1-3). O amor entre a família é o mais importante, como vimos na história da Ovelina, no encontro passado. Cada filho ao nascer trouxe preocupações e desafios, mas também muitas alegrias. Quais foram?

 Rezar pelas nossas famílias

Catequista: Peçamos a Deus que abençoe as nossas famílias e nos ajude a conviver com amor, sabedoria e harmonia.

Todos: Abençoa, Senhor, as famílias, amém! Abençoa, Senhor, a minha também! (bis)

Leitor 1 – Abençoa, Senhor, nossas famílias, para que cresçam no amor e sejam felizes.

Leitor 2 – Que nossa casa, Senhor, seja lugar acolhedor, onde todos sejam respeitados.

Leitor 3 – Ajuda-nos, Senhor, a ter muita paciência uns com os outros e também diálogo.

Preces espontâneas...

Catequista: Rezemos de mãos dadas, a grande oração da família de Deus, onde Jesus nos ensina a chamar Deus de Pai.

Pai nosso...

Catequista: Vamos cantar, fazendo da música uma oração.

Música: *Ilumina, ilumina* – Pe. Zezinho.

Uma atividade para fazer em casa!

Completar a árvore genealógica de sua família, colocando os nomes nela. E, ao final escrever fatos que retratam momentos de alegria da família.

MINHA COMUNIDADE: A GRANDE FAMÍLIA

Onde dois ou três estiverem reunidos em meu nome, eu estarei ali no meio deles. (Mt 18,20)

A comunidade cristã é a grande família dos filhos de Deus, que se reúnem para rezar, celebrar, ouvir a sua Palavra e conviver uns com os outros, unidos pelo amor e a fé em Jesus Cristo. A comunidade é muito importante para o nosso crescimento na fé.

 Vamos colorir a nossa comunidade?

Minha comunidade se chama: _____

Minha paróquia se chama: _____

Pinte os quadrinhos para completar a frase.

SER COMUNIDADE CRISTÃ É

☐ Ajudar uns aos outros.

☐ Brigar com os vizinhos.

☐ Viver o amor e a fé em Jesus Cristo.

☐ Socorrer os irmãos que precisam de nós.

☐ Celebrar a fé em Jesus Cristo.

☐ Falar mal do colega.

☐ Não guardar segredo.

VIVA O PADROEIRO DA COMUNIDADE!

Sejam santos como o vosso Pai do Céu é santo. (Cf. Mt 5,48)

Santos são pessoas que a exemplo de Jesus Cristo colocaram sua vida a serviço dos que mais precisam. Uma pessoa se torna santa quando procura fazer a vontade de Deus, isto é, quando vive o amor, faz sempre o bem, respeitando as pessoas e a natureza. É santo quem vive inspirado por Jesus Cristo e faz da sua vida sinal do amor no meio do mundo, sempre pronto a ajudar quem mais precisa. Jesus nos convida a sermos santos, amando como Ele amou, sem esperar nada em troca.

 O que é preciso para ser santo? Crie uma história em quadrinhos para responder.

✓ Para ser santo é preciso amar como Jesus amou. Circule as atitudes que te ajudam a buscar a santidade e risque as que o impedem.

REZAR

CONTAR MENTIRAS

FOFOCAR

XINGAR

PERDOAR

SER AMIGO

FALAR A VERDADE...

BRINCAR

RESPEITAR AS DIFERENÇAS

ESTUDAR

✓ Fazer um bilhete a Deus, contando o que achou mais importante na vida do santo padroeiro de sua comunidade.

DEUS SE COMUNICA CONOSCO NA BÍBLIA

A tua Palavra é lâmpada para guiar os meus passos, é luz que ilumina o meu caminho. (Sl 119,105)

A Bíblia contém a Palavra de Deus e os ensinamentos de Jesus. É um livro que conta a história do povo de Deus.

A Bíblia é o livro da comunidade, dos cristãos e por isso, é também, o livro da Catequese. É com a Bíblia que aprendemos a viver como filhos de Deus.

 Pinte a cena da vida de Jesus. Depois, escreva uma frase sobre a Bíblia na página que está em branco.

Troque os símbolos por letras e descubra a importância da Bíblia para os cristãos.

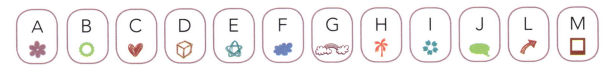

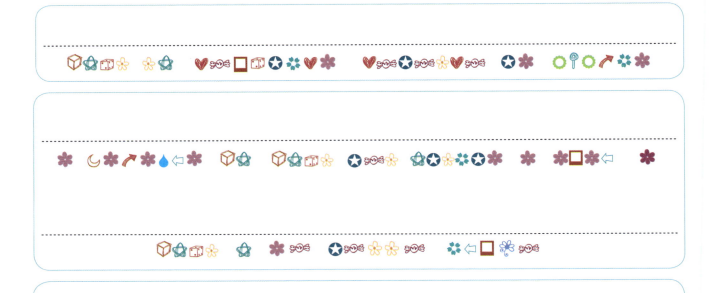

 **Vamos rezar!**

 **Reze este Salmo.**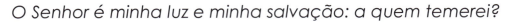

O Senhor é minha luz e minha salvação: a quem temerei?

O Senhor é a fortaleza de minha vida: perante quem tremerei?

A ti fala meu coração, meus olhos te procuram;

Eu busco tua presença, Senhor.

Mostra-me, Senhor, teu caminho. (Cf. Sl 27,1.8.11a)

78

CELEBRAÇÃO: BÍBLIA, PALAVRA DE DEUS!

A Palavra de Deus é viva e eficaz. (Hb 4,12)

♥ Acolhida

Catequista: Sejam todos bem-vindos a esta nossa Celebração da Palavra de Deus.

Todos: Em nome do Pai...

Catequista: Vamos receber com muito carinho a Palavra de Deus cantando.

Música: *A Bíblia é a Palavra de Deus* (Frei Fabretti).

 ### A Palavra de Deus é semente (Mt 13,3-9)

Catequista: Vamos abrir a Bíblia no texto de Mt 13,3-9, colocar a mão sobre ela e juntos dizer: "Que esta Palavra oriente o meu caminho".

Catequista: Jesus ensinava através de histórias, as parábolas. Certa vez, Ele contou a seguinte parábola:

Catequizando: Um homem saiu para semear. Quando espalhava as sementes, algumas caíram à beira do caminho. E os passarinhos comeram tudo.

Catequizanda: Outras sementes caíram num lugar onde havia pedras. As sementes logo brotaram, mas o sol queimou as plantinhas.

Catequizando: Outras caíram no meio dos espinhos. Os espinhos cresceram e abafaram as plantas.

Catequizanda: Algumas sementes caíram em terra boa, cresceram fortes e produziram muitos frutos.

Catequista: Jesus nos ensina que semente é a Palavra de Deus que pode cair no nosso coração e encontrar terra boa, mas também espinhos, pedras, terra endurecida. Se a Palavra de Deus encontra terra boa dará frutos de bondade, amor, paciência, solidariedade etc. Mas, também pode encontrar um coração endurecido, que produz frutos como o egoísmo, a injustiça, a inveja, a maldade. Nós aprendemos com Jesus que precisamos cuidar do nosso coração para que ele seja sempre terra boa. Aí sua Palavra encontrará lugar para florescer e seremos felizes.

Todos: Quero ter um coração bonito igual ao de Jesus!

Música: *O Semeador*

Preces

Catequista: Rezemos, pedindo as bênçãos de Deus. A cada pedido, vamos rezar ou cantar juntos:

Todos: Ó luz do Senhor, que vem sobre a terra, inunda meu ser, permanece em nós!

1. Ilumina, Senhor, a nossa vida para que sejamos terra boa.

Todos: Ó luz do Senhor, que vem sobre a terra, inunda meu ser, permanece em nós!

2. Ajuda, Senhor, a amar e conhecer a tua Palavra.

Todos: Ó luz do Senhor, que vem sobre a terra, inunda meu ser, permanece em nós!

3. Conceda, Senhor, sabedoria à nossa catequista, para que ela persevere no estudo da Palavra, sendo exemplo de fé e amor para nós.

Todos: Ó luz do Senhor, que vem sobre a terra, inunda meu ser, permanece em nós!

Catequista: Vamos juntos de mãos dadas, rezar: Pai nosso...

Bênção Final

Catequista: Abençoe-nos, Deus todo misericordioso, Pai, Filho e Espírito Santo.

Todos: Amém!

DEUS NOS ENVIA SEU FILHO

Nasceu para nós um menino, um filho nos foi dado. Seu nome será Príncipe da Paz. (Is 9,5)

Jesus é nosso maior presente. Um presente que Deus ofereceu a toda a humanidade. Assim como Jesus, podemos ser um "presente" para os outros quando a nossa presença traz alegria, harmonia, carinho e paz onde estamos.

 Vamos rezar juntos diante do Presépio

Catequizandos: Menino Jesus, queremos ser um "presente" para nossos pais. Vamos nos esforçar para ser sempre carinhosos, tratando-os com atenção e cuidado.

Todos: Menino Jesus, ajuda-nos a ser um "presente" para todos.

Catequizandas: Queremos ser um "presente" para nossos avós, oferecendo a eles o nosso carinho e consideração que eles merecem. Prometemos cuidar deles em suas necessidades, demonstrando com o nosso amor o quanto eles são importantes para nós.

Todos: Menino Jesus, ajuda-nos a ser um "presente" para todos.

Catequizandos: Queremos ser um "presente" para nossos irmãos e irmãs, fazendo com que a nossa convivência em casa, seja boa, uns ajudando os outros e nos divertindo juntos, isto é, vivendo de maneira amorosa e amiga.

Todos: Menino Jesus, ajuda-nos a ser um "presente" para todos.

Catequizandas: Enfim, queremos ser um "presente" para todas as pessoas. Que a nossa presença junto delas traga alegria, companheirismo, amizade, cuidado em todos os momentos; rir com quem está feliz e chorar com quem está sofrendo.

Todos: Menino Jesus, ajuda-nos a ser um "presente" para todos.

Pinte o presépio. Depois escreva nos pacotes as atitudes que deseja praticar como presente para as pessoas com quem convive.

É NATAL!

Eu vos anuncio uma grande alegria, que será também a de todo o povo: hoje, na cidade de Davi, nasceu para vós o Salvador, que é o Cristo Senhor! (Lc 2,10-11)

TEATRO DE NATAL

Narrador: Há muito, muito tempo havia um casal que vivia na cidade de Nazaré. O nome da mulher era Maria e o nome do marido era José. Maria estava grávida, já quase nos dias do neném nascer, quando o imperador Augusto decretou um grande recenseamento, isto é, queria saber quantos homens estavam sob seu domínio no império.

Arauto do imperador: (falar bem alto e com voz forte) O imperador Augusto manda fazer uma contagem de todos os homens que estão sob suas ordens. Cada homem deverá registrar-se, com sua família, em sua cidade de origem.

Narrador: Quando o imperador mandava, todos obedeciam. A cidade de origem de José era Belém. Assim, José e Maria viajaram para Belém, para cumprir o decreto do imperador. Foi uma viagem muito difícil. Montada num burrinho, grávida de nove meses, Maria e José chegam, finalmente, a Belém.

(Nesse momento, Maria dá uma volta na sala, amparada por José. Os donos de hospedagens se posicionam em um lugar, previamente combinado com o catequista. Maria e José se posicionam diante dos estalajadeiros.)

Narrador: Quando José e Maria chegaram a cidade de Belém, a cidade já estava cheia, pois outras famílias tinham ido para lá, obedecendo à ordem do imperador. Quando batiam à porta de alguma hospedaria, obtinham a mesma resposta:

Donos de hospedaria: (em coro) Estamos com a casa cheia. Não temos mais nenhum lugar.

Narrador: Percebendo que o bebê estava já para nascer, José levou Maria para o único lugar que encontrou: uma espécie de gruta, que servia de abrigo aos animais e onde eram alimentados.

(Enquanto Maria e José se dirigem para a tenda, o boi e o burro se posicionam, um de cada lado dela. Maria e José se assentam à entrada da tenda. Os pastores se posicionam num lugar previamente combinado, longe da tenda.)

Narrador: E, assim, naquela noite abençoada, nasce o Salvador, o Cristo Senhor!

(Coloca-se o choro do bebê e, logo após, toca-se uma parte da música do "Aleluia de Handel". Maria retira a imagem do Menino Jesus de dentro da tenda e a coloca na manjedoura.)

Narrador: Nessa hora tão feliz, os anjos vão até os pastores dar a notícia a eles.

Anjos: (Em coro) Eu vos anuncio uma grande alegria: hoje nasceu o Salvador, o Cristo Senhor.

(Tocar mais um pouco do Aleluia de Handel.)

Narrador: Os pastores levantaram-se e foram adorar o Menino Jesus.

(Os pastores se posicionam de joelhos, assentados sobre os calcanhares, perto da tenda.)

Narrador: Mas, as visitas ao Menino ainda não tinham terminado. Lá do Oriente, guiados por uma estrela muito brilhante, três reis também foram adorar a criança e levar presentes a ela. Dizem que seus nomes eram: Gaspar, Belchior e Baltazar. E aqui terminamos a história do nascimento de Jesus.

 **Vamos rezar!**

Catequista: Aproxima-se o Natal, festa de alegria e esperança. Unidos a todos os que esperam com amor a chegada do menino Jesus, façamos chegar a Deus nossa prece cantando:

Todos: *Ó luz do Senhor, que vem sobre a terra, inunda meu ser, permanece em nós!*

1. *Deus de ternura, faz morada em nosso coração trazendo muito amor!*
2. *Deus da Luz, ilumina a vida da nossa família, faz de nós sinal de esperança no meio do mundo!*
3. *Deus de bondade, faz de nossa família um presépio vivo, lugar de acolhida, perdão e alegria!*
4. *Deus da paz, acolhe com amor todas as pessoas que promovem a solidariedade e a fraternidade.*

Preces espontâneas...

 Oração diante do Presépio

Catequista: Vamos ficar ao redor do presépio. Os adultos estendam suas mãos sobre os catequizandos enquanto eles fazem sua oração.

Senhor Jesus, diante de teu presépio nos lembramos de que um dia foste criança como nós. Sabemos que foste um bom filho, amando sua mãe Maria e seu pai José. Queremos aprender, contigo, como ser um bom filho, irmão e amigo de todos. Abençoai-nos Menino Jesus!

Música: *Noite Feliz!*

CELEBRAÇÃO: MARIA, MÃE DE JESUS

Alegra-te, cheia de graça, o Senhor está contigo. (Lc 1,28)

 **Acolhida**

Catequista: Hoje nos reunimos para celebrar a memória de Maria, a mãe de Jesus e Nossa Senhora. Começamos saudando Maria, rezando juntos a Ave-Maria.

Todos: Ave Maria, cheia de graça...

 Ouvir e meditar a Palavra

Catequista: Tudo começou com um "SIM". Maria aceitou ser a mãe de Jesus. Ela ouviu uma simples saudação do anjo: "Alegra-te, cheia de graça, o Senhor é contigo". E o mundo nunca mais foi o mesmo.

Todos: "Alegra-te, cheia de graça! O Senhor está contigo"!

Aclamação: (a escolha)

Leitura: Lc 1,28-32.38

Catequista: Maria ouve a Palavra de Deus através do anjo e diz SIM. Entrega-se totalmente a Deus, com muita fé e confiança. Torna-se a mãe de Jesus. Maria é muito querida pelos amigos de Jesus. Querida porque ela nos mostra que nosso "sim" a Deus pode ser um SIM enorme ao amor. Nosso SIM a Deus pode transformar nossa vida. E quanto mais querida é a mãe de Jesus mais ela é invocada, lembrada. Muitos nomes e títulos o povo foi lhe dando, dependendo do lugar, da situação de vida. Por exemplo: Nossa Senhora das Dores, Nossa Senhora das Graças, Nossa Senhora do Perpétuo Socorro, Nossa Senhora Aparecida, Rainha do Céu e muitos, mas muitos outros nomes. Mas, é a mesma mãe de Jesus, Maria, que é admirada e querida por fazer a vontade de Deus e por interceder a Deus por nós.

Todos: Nossa Senhora, Mãe de Jesus, roga por nós!

Música: *Maria de Nazaré* (Pe. Zezinho).

 **Preces**

Catequista: Maria, a Nossa Senhora, mãe de Jesus e nossa mãe no céu, pede a Deus por nós com todo amor.

Todos: *Maria, Nossa Senhora, ajude-nos a sermos amigos de Jesus, teu Filho querido.*

Catequista: Maria nos ensina a ter paciência, a saber escutar e a esperar, sempre confiante em Deus.

Todos: *Maria, mãe de Jesus, ensina-nos a viver com confiança em Deus!*

Catequista: Que nos momentos de dificuldades, Maria, a Mãe que Jesus ofereceu a todos nós, possa sempre amparar nossos passos nos caminhos do amor e da alegria.

Todos: *Maria, Mãe da Esperança, roga por nós!*

Catequista: Que Maria peça a Deus, por nossas famílias e por todas as crianças.

Todos: *Maria, Mãe de imenso Amor, roga por nós!*

Coroação de Nossa Senhora

Catequista: Durante o mês de maio, gostamos de homenagear nossa mãe Maria, fazendo uma coroação. É um gesto de carinho nosso. É o que vamos fazer agora. (Formar duplas para a coroação, um catequizando e uma catequizanda: dois para colocar a coroa, dois para colocar o véu e o restante para colocar as flores – assim todos participam.)

Música: *"Canção da Mãe de Deus e nossa" (Frei Fabreti e Ir. Isabel) – cantar somente 1ª estrofe e refrão ou outra música.*

Coroação

Maria, nós hoje aqui estamos, pois queremos te coroar. Tu sabes que o nosso amor é puro e é o que temos para te ofertar.

VÉU: Não temos nenhum manto de ouro que possamos te oferecer. Por isso, trazemos este véu para a tua fronte envolver.

FLORES: As flores, que agora te ofertamos, representam as nossas vidas. Oh! Mãe, olha todas as famílias para que permaneçam sempre unidas.

COROA: Maria, modelo de virtude, de coragem e de fervor, aceita também esta coroa como símbolo do nosso amor.

Todos: *Ave Maria, cheia de graça...*

CAMPANHA DA FRATERNIDADE

Vós sois todos irmãos. (Mt 23,8)

A nossa Igreja, todo ano, nos oferece a Campanha da Fraternidade. Ela quer que aprendamos a viver unidos como irmãos e sejamos fraternos e solidários. Viver como bons irmãos é viver na irmandade, na fraternidade, como Deus quer.

Qual é o tema da Campanha da Fraternidade deste ano?

....
....
....
....

✓ **Deus te chama para fazer este mundo melhor, onde a fraternidade se realize. Como você pode construir a fraternidade na escola, na família, com os amigos?**

★ ....
★ ....
★ ....
★ ....
★ ....

✓ **A partir do tema da Campanha da Fraternidade deste ano, que sugestões você daria para os governantes?**

★ ....
★ ....
★ ....
★ ....
★ ....

✓ **Escreva uma oração a Deus pedindo ajuda para construir a fraternidade.**

....
....
....
....
....
....

FESTA DA PÁSCOA: JESUS ESTÁ VIVO!

Aquilo que você semeia não germina se, antes, não morrer. (Cf. 1Cor 15,36)

PÁSCOA é uma grande festa em que os cristãos celebram a ressurreição de Jesus. Ele foi morto, mas Deus o Ressuscitou. Páscoa é a passagem da morte para a vida. Páscoa é vida nova. É Páscoa todas a vezes que o amor vence o ódio, que a raiva é vencida pelo perdão, que a bondade vence a maldade.

 Em nossa família, como podemos nos tornar sinal de Páscoa?

....

....

....

....

Você sabia que existem alguns símbolos da Páscoa? Vamos conhecê-los?

Círio pascal

É uma grande vela que se acende pela primeira vez, na igreja, numa celebração chamada Vigília Pascal. Representa Jesus ressuscitado.

O girassol

Representa a busca da luz que é Cristo Jesus e, assim como ele segue o sol, já os cristãos buscam Cristo como luz para suas vidas.

O pão e o vinho

Representam o corpo e o sangue de Jesus. Jesus é o alimento que gera vida nova no mundo, vida oferecida e compartilhada.

O sino

O sino, no domingo de Páscoa, bate festivo anunciando com alegria a celebração da Ressurreição de Cristo.

O cordeiro

Para os cristãos, o cordeiro é o próprio Jesus que é a nova Aliança de Deus com a humanidade.

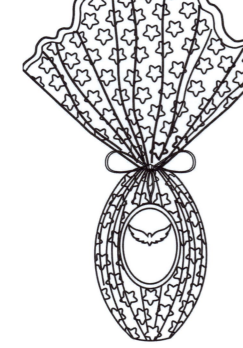

O ovo

Por representar o nascimento e a vida, presentear com ovos era um costume antigo que passou a ser seguido durante as festividades dos cristãos, onde eram pintados com imagens de Jesus e Maria, representando simbolicamente o nascimento de Jesus. Muitas culturas mantêm até hoje esse costume. Hoje o ovo fabricado com chocolate virou uma tradição de presente no Domingo de Páscoa.

ORAÇÕES

PAI-NOSSO

Pai nosso que estais nos céus, santificado seja o vosso nome; venha a nós o vosso reino, seja feita a vossa vontade, assim na terra como no céu.

O pão nosso de cada dia nos dai hoje; perdoai-nos as nossas ofensas, assim como nós perdoamos a quem nos têm ofendido; e não nos deixeis cair em tentação, mas livrai-nos do mal. Amém!

AVE-MARIA

Ave Maria, cheia de graça, o Senhor é convosco; bendita sois vós entre as mulheres, e bendito é o fruto do vosso ventre, Jesus. Santa Maria, Mãe de Deus, rogai por nós, pecadores, agora e na hora de nossa morte. Amém!

GLÓRIA AO PAI

Glória ao Pai e ao Filho e ao Espírito Santo. Como era no princípio, agora e sempre. Amém!

SINAL DA CRUZ

Pelo sinal da santa cruz, livrai-nos Deus, nosso Senhor, dos nossos inimigos. Em Nome do Pai e do Filho e do Espírito Santo. Amém!

ORAÇÃO DA CRIANÇA

Querido Deus, quero agradecer por tanta coisa incrível que vivi neste dia: o amanhecer tão lindo, a beleza da tua criação, a amizade e carinho dos meus amigos, a possibilidade de estudar e brincar, a comida gostosa...

Quero te agradecer por toda a minha família e peço que me ajude a amar cada dia mais.

Conta comigo para preservar a beleza da tua criação, também para partilhar o que sou e tenho para fazer desse mundo um lugar melhor.

É muito bom ser teu amigo. Eu te amo, Senhor!

CULTURAL

Administração
Antropologia
Biografias
Comunicação
Dinâmicas e Jogos
Ecologia e Meio Ambiente
Educação e Pedagogia
Filosofia
História
Letras e Literatura
Obras de referência
Política
Psicologia
Saúde e Nutrição
Serviço Social e Trabalho
Sociologia

CATEQUÉTICO PASTORAL

Catequese
Geral
Crisma
Primeira Eucaristia

Pastoral
Geral
Sacramental
Familiar
Social
Ensino Religioso Escolar

TEOLÓGICO ESPIRITUAL

Biografias
Devocionários
Espiritualidade e Mística
Espiritualidade Mariana
Franciscanismo
Autoconhecimento
Liturgia
Obras de referência
Sagrada Escritura e Livros Apócrifos

Teologia
Bíblica
Histórica
Prática
Sistemática

REVISTAS

Concilium
Estudos Bíblicos
Grande Sinal
REB (Revista Eclesiástica Brasileira)

VOZES NOBILIS

Uma linha editorial especial, com importantes autores, alto valor agregado e qualidade superior.

PRODUTOS SAZONAIS

Folhinha do Sagrado Coração de Jesus
Calendário de mesa do Sagrado Coração de Jesus
Agenda do Sagrado Coração de Jesus
Almanaque Santo Antônio
Agendinha
Diário Vozes
Meditações para o dia a dia
Encontro diário com Deus
Guia Litúrgico

VOZES DE BOLSO

Obras clássicas de Ciências Humanas em formato de bolso.

CADASTRE-SE
www.vozes.com.br

EDITORA VOZES LTDA.
Rua Frei Luís, 100 – Centro – Cep 25689-900 – Petrópolis, RJ
Tel.: (24) 2233-9000 – Fax: (24) 2231-4676 – E-mail: vendas@vozes.com.br

UNIDADES NO BRASIL: Belo Horizonte, MG – Brasília, DF – Campinas, SP – Cuiabá, MT
Curitiba, PR – Fortaleza, CE – Goiânia, GO – Juiz de Fora, MG
Manaus, AM – Petrópolis, RJ – Porto Alegre, RS – Recife, PE – Rio de Janeiro, RJ
Salvador, BA – São Paulo, SP